# Législation
# DES SOCIÉTÉS

(Sociétés en Commandite par Actions,
Anonymes, a Capital variable, en Nom collectif)

## LOI
### DU 24 JUILLET 1867
**Modifiée et complétée**

PAR CELLES DES

### 1er Août 1893 & 16 Novembre 1903

## LOIS

### des 29 Juin 1872 et 1er Décembre 1875

ET DÉCRETS DES 6 DÉCEMBRE 1872 ET 10 AOUT 1896

### SUR LES DROITS DE TIMBRE DES SOCIÉTÉS

PARIS

LIBRAIRIE CHEVALIER ET RIVIÈRE

30, RUE JACOB (VIᵉ)

1906

# Législation
# DES SOCIÉTÉS

(SOCIÉTÉS EN COMMANDITE PAR ACTIONS,
ANONYMES, A CAPITAL VARIABLE, EN NOM COLLECTIF)

## LOI

### DU 24 JUILLET 1867

Modifiée et complétée

PAR CELLES DES

### 1er Août 1893 & 16 Novembre 1903

## LOIS

### des 29 Juin 1872 et 1er Décembre 1875

ET DÉCRETS DES 6 DÉCEMBRE 1872 ET 10 AOUT 1896

SUR LES DROITS DE TIMBRE DES SOCIÉTÉS

PARIS

LIBRAIRIE CHEVALIER ET RIVIÈRE

30, RUE JACOB (VIe)

1906

# LOI

## DU 24 JUILLET 1867

### SUR LES SOCIÉTÉS

*Modifiée et complétée par celles*

*des 1<sup>er</sup> Août 1893 & 16 Novembre 1903*

---

LE CORPS LÉGISLATIF A ADOPTÉ LE PROJET DE LOI dont la teneur suit :

## TITRE I<sup>er</sup>

### DES SOCIÉTÉS EN COMMANDITE PAR ACTIONS

ARTICLE PREMIER *(Loi du 1<sup>er</sup> août 1893).* — Les sociétés en commandite ne peuvent diviser leur capital en actions ou coupures d'actions de moins de vingt-cinq francs (25 fr.) lorsque le capital n'excède pas deux cent mille francs (200.000 fr.), de moins de cent francs (100 fr.) lorsque le capital est supérieur à deux cent mille francs (200.000 fr.).

Elles ne peuvent être définitivement constituées qu'après la souscription de la totalité du capital et le versement en espèces, par chaque actionnaire, du montant des actions ou coupures d'actions souscrites par lui, lorsqu'elles n'excèdent pas vingt-cinq francs (25 fr.), et du quart au moins des actions lorsqu'elles sont de cent francs (100 fr.) et au-dessus.

Cette souscription et ces versements sont constatés par une déclaration du gérant dans un acte notarié.

A cette déclaration sont annexés la liste des souscripteurs, l'état des versements effectués, l'un des doubles de l'acte de société, s'il est sous seing privé, et une expédition, s'il est notarié et s'il a été passé devant un notaire autre que celui qui a reçu la déclaration.

L'acte sous seing privé, quel que soit le nombre des associés, sera fait en double original, dont l'un sera annexé, comme il est dit au paragraphe qui précède, à la déclaration de souscription du capital et de versement du quart, et l'autre restera déposé au siège social.

Art. 2. — Les actions ou coupons d'actions sont négociables après le versement du quart.

Art. 3 *(Loi du 1ᵉʳ août 1893)*. — Les actions sont nominatives jusqu'à leur entière libération. Les actions représentant des apports devront toujours être intégralement libérées au moment de la constitution de la société.

Ces actions ne peuvent être détachées de la souche et ne sont négociables que deux ans après la constitution définitive de la société.

Pendant ce temps, elles devront, à la diligence des administrateurs, être frappées d'un timbre indiquant leur nature et la date de cette constitution.

*(Loi du 16 novembre 1903)*. — En cas de fusion de sociétés par voie d'absorption, ou de création d'une société nouvelle englobant une ou plusieurs sociétés préexistantes, l'interdiction de détacher les actions de la souche et de les négocier ne s'applique pas aux actions d'apport attribuées à une société par actions ayant, lors de la fusion, plus de deux ans d'existence.

*(Loi du 1ᵉʳ août 1893)*. — Les titulaires, les cessionnaires intermédiaires et les souscripteurs sont tenus solidairement du montant de l'action.

Tout souscripteur ou actionnaire qui a cédé son titre cesse, deux ans après la cession, d'être responsable des versements non encore appelés.

Art. 4. — Lorsqu'un associé fait un apport qui ne consiste pas en numéraire, ou stipule à son profit des avantages particuliers, la première assemblée générale fait apprécier la valeur de l'apport ou la cause des avantages stipulés.

La société n'est définitivement constituée qu'après l'approbation de l'apport ou des avantages, donnée par une autre assemblée générale, après une nouvelle convocation.

La seconde assemblée générale ne pourra statuer sur l'approbation de l'apport ou des avantages qu'après un rapport qui sera imprimé et tenu à la disposition des actionnaires, cinq jours au moins avant la réunion de cette assemblée.

Les délibérations sont prises par la majorité des actionnaires présents. Cette majorité doit comprendre le quart des actionnaires et représenter le quart du capital social en numéraire.

Les associés qui ont fait l'apport ou stipulé des avantages particuliers soumis à l'appréciation de l'assemblée n'ont pas voix délibérative.

A défaut d'approbation, la société reste sans effet à l'égard de toutes les parties.

L'approbation ne fait pas obstacle à l'exercice ultérieur de l'action qui peut être intentée pour cause de dol ou de fraude.

Les dispositions du présent article relatives à la vérification de l'apport qui ne consiste pas en numéraire ne sont pas applicables au cas où la société à laquelle est fait ledit apport est formée entre ceux seulement qui en étaient propriétaires par indivis.

Art. 5. — Un conseil de surveillance, composé de

trois actionnaires au moins, est établi dans chaque société en commandite par actions.

Ce conseil est nommé par l'assemblée générale des actionnaires immédiatement après la constitution définitive de la société et avant toute opération sociale.

Il est soumis à la réélection aux époques et suivant les conditions déterminées par les statuts.

Toutefois, le premier conseil n'est nommé que pour une année.

Art. 6. — Ce premier conseil doit, immédiatement après sa nomination, vérifier si toutes les dispositions contenues dans les articles qui précèdent ont été observées.

Art. 7. — Est nulle et de nul effet à l'égard des intéressés toute société en commandite par actions constituée contrairement aux prescriptions des articles 1er, 2, 3, 4 et 5 de la présente loi.

Cette nullité ne peut être opposée aux tiers par les associés.

Art. 8. — Lorsque la société est annulée, aux termes de l'article précédent, les membres du premier conseil de surveillance peuvent être déclarés responsables, avec le gérant, du dommage résultant, pour la société ou pour les tiers, de l'annulation de la société.

La même responsabilité peut être prononcée contre ceux des associés dont les apports ou les avantages n'auraient pas été vérifiés et approuvés conformément à l'article 4 ci-dessus.

*(Loi du 1er août 1893).* — L'action en nullité de la société ou des actes et délibérations postérieurs à sa constitution n'est plus recevable lorsque, avant l'introduction de la demande, la cause de nullité a cessé d'exister. L'action en responsabilité, pour les faits

dont la nullité résultait, cesse également d'être recevable lorsque, avant l'introduction de la demande, la cause de nullité a cessé d'exister, et en outre que trois ans se sont écoulés depuis le jour où la nullité était encourue.

Si, pour couvrir la nullité, une assemblée générale devait être convoquée, l'action en nullité ne sera plus recevable à partir de la date de la convocation régulière de cette assemblée.

Les actions en nullité contre les actes constitutifs des sociétés sont prescrites par dix ans.

Cette prescription ne pourra, toutefois, être opposée avant l'expiration des dix années qui suivront la promulgation de la présente loi.

ART. 9. — Les membres du conseil de surveillance n'encourent aucune responsabilité en raison des actes de la gestion et de leurs résultats.

Chaque membre du conseil de surveillance est responsable de ses fautes personnelles, dans l'exécution de son mandat, conformément aux règles du droit commun.

ART. 10. — Les membres du conseil de surveillance vérifient les livres, la caisse, le portefeuille et les valeurs de la société.

Il font, chaque année, à l'assemblée générale, un rapport dans lequel ils doivent signaler les irrégularités et inexactitudes qu'ils ont reconnues dans les inventaires, et constater, s'il y a lieu, les motifs qui s'opposent aux distributions des dividendes proposés par le gérant.

Aucune répétition de dividendes ne peut être exercée contre les actionnaires, si ce n'est dans le cas où la distribution en aura été faite en l'absence de tout inventaire ou en dehors des résultats constatés par l'inventaire.

L'action en répétition, dans le cas où elle est ouverte, se prescrit par cinq ans, à partir du jour fixé pour la distribution des dividendes.

Les prescriptions commencées à l'époque de la promulgation de la présente loi, et pour lesquelles il faudrait encore, suivant les lois anciennes, plus de cinq ans, à partir de la même époque, seront accomplies par ce laps de temps.

ART. 11. — Le conseil de surveillance peut convoquer l'assemblée générale et, conformément à son avis, provoquer la dissolution de la société.

ART. 12. — Quinze jours au moins avant la réunion de l'assemblée générale, tout actionnaire peut prendre par lui ou par un fondé de pouvoir, au siège social, communication du bilan, des inventaires et du rapport du conseil de surveillance.

ART. 13. — L'émission d'actions ou de coupons d'actions d'une société constituée contrairement aux prescriptions des articles 1er, 2 et 3 de la présente loi, est punie d'une amende de cinq cents à dix mille francs.

Sont punis de la même peine :

Le gérant qui commence les opérations sociales avant l'entrée en fonctions du conseil de surveillance ;

Ceux qui, en se présentant comme propriétaires d'actions ou de coupons d'actions qui ne leur appartiennent pas, ont créé frauduleusement une majorité factice dans une assemblée générale, sans préjudice de tous dommages-intérêts, s'il y a lieu, envers la société ou envers les tiers ;

Ceux qui ont remis les actions pour en faire l'usage frauduleux.

Dans les cas prévus par les deux paragraphes précédents, la peine de l'emprisonnement de quinze jours à six mois peut, en outre, être prononcée.

Art. 14. — La négociation d'actions ou de coupons d'actions dont la valeur ou là forme serait contraire aux dispositions des articles 1er, 2 et 3 de la présente loi, ou pour lesquels le versement du quart n'aurait pas été effectué conformément à l'article 2 ci-dessus, est punie d'une amende de cinq cents à dix mille francs.

Sont punies de la même peine toute participation à ces négociations et toute publication de la valeur desdites actions.

Art. 15. — Sont punis des peines portées par l'article 405 du Code pénal, sans préjudice de l'application de cet article à tous les faits constitutifs du délit d'escroquerie :

1° Ceux qui, par simulation de souscriptions ou de versements ou par publication, faite de mauvaise foi, de souscriptions ou de versements qui n'existent pas, ou de tous autres faits faux, ont obtenu ou tenté d'obtenir des souscriptions ou des versements ;

2° Ceux qui, pour provoquer des souscriptions ou des versements ont, de mauvaise foi, publié les noms de personnes désignées, contrairement à la vérité, comme étant ou devant être attachées à la société à un titre quelconque ;

3° Les gérants qui, en l'absence d'inventaires ou au moyen d'inventaires frauduleux, ont opéré entre les actionnaires la répartition de dividendes fictifs.

Les membres du conseil de surveillance ne sont pas civilement responsables des délits commis par le gérant.

Art. 16. — L'article 463 du Code pénal est applicable aux faits prévus par les trois articles qui précèdent.

Art. 17. — Des actionnaires représentant le vingtième au moins du capital social peuvent, dans un intérêt commun, charger à leurs frais un ou plusieurs mandataires de soutenir, tant en demandant qu'en défendant, une action contre les gérants ou contre les membres du conseil de surveillance et de les représenter, en ce cas, en justice, sans préjudice de l'action que chaque actionnaire peut intenter individuellement en son nom personnel.

Art. 18. — Les sociétés antérieures à la loi du 17 juillet 1856, et qui ne se seraient pas conformées à l'article 15 de cette loi, seront tenues, dans un délai de six mois, de constituer un conseil de surveillance, conformément aux dispositions qui précèdent.

A défaut de constitution du conseil de surveillance dans le délai ci-dessus fixé, chaque actionnaire a le droit de faire prononcer la dissolution de la société.

Art. 19. — Les sociétés en commandite par actions antérieures à la présente loi, dont les statuts permettent la transformation en société anonyme autorisée par le Gouvernement, pourront se convertir en société anonyme dans les termes déterminés par le titre II de la présente loi, en se conformant aux conditions stipulées dans les statuts pour la transformation.

Art. 20. — Est abrogée la loi du 17 juillet 1856.

## TITRE II

### DES SOCIÉTÉS ANONYMES

Art. 21. — A l'avenir, les sociétés anonymes pourront se former sans l'autorisation du Gouvernement.

Elles pourront, quel que soit le nombre des associés, être formées par un acte sous seing privé fait en double original.

Elles seront soumises aux dispositions des articles

29, 30, 32, 33, 34 et 36 du Code de commerce et aux dispositions contenues dans le présent titre.

Art. 22. — Les sociétés anonymes sont administrées par un ou plusieurs mandataires à temps, révocables, salariés ou gratuits, pris parmi les associés.

Ces mandataires peuvent choisir parmi eux un directeur, ou, si les statuts le permettent, se substituer un mandataire étranger à la société et dont ils sont responsables envers elle.

Art. 23. — La société ne peut être constituée si le nombre des associés est inférieur à sept.

Art. 24. — Les dispositions des articles 1er, 2, 3 et 4 de la présente loi sont applicables aux sociétés anonymes.

La déclaration imposée au gérant par l'article 1er est faite par les fondateurs de la société anonyme ; elle est soumise, avec les pièces à l'appui, à la première assemblée générale, qui en vérifie la sincérité.

Art. 25. — Une assemblée générale est, dans tous les cas, convoquée, à la diligence des fondateurs, postérieurement à l'acte qui constate la souscription du capital social et le versement du quart du capital, qui consiste en numéraire. Cette assemblée nomme les premiers administrateurs ; elle nomme également, pour la première année, les commissaires institués par l'article 32 ci-après.

Ces administrateurs ne peuvent être nommés pour plus de six ans ; ils sont rééligibles, sauf stipulation contraire.

Toutefois, ils peuvent être désignés par les statuts, avec stipulation formelle que leur nomination ne sera point soumise à l'approbation de l'assemblée générale. En ce cas, ils ne peuvent être nommés pour plus de trois ans.

Le procès-verbal de la séance constate l'acceptation des administrateurs et des commissaires présents à la réunion.

La société est constituée à partir de cette acceptation.

Art. 26. — Les administrateurs doivent être propriétaires d'un nombre d'actions déterminé par les statuts.

Ces actions sont affectées en totalité à la garantie de tous les actes de la gestion, même de ceux qui seraient exclusivement personnels à l'un des administrateurs.

Elles sont nominatives, inaliénables, frappées d'un timbre indiquant l'inaliénabilité et déposées dans la caisse sociale.

Art. 27. — Il est tenu, chaque année au moins, une assemblée générale à l'époque fixée par les statuts. Les statuts déterminent le nombre d'actions qu'il est nécessaire de posséder, soit à titre de propriétaire, soit à titre de mandataire, pour être admis dans l'assemblée, et le nombre de voix appartenant à chaque actionnaire, eu égard au nombre d'actions dont il est porteur.

*(Loi du 1ᵉʳ août 1893.) — Tous propriétaires d'un nombre d'actions inférieur à celui déterminé pour être admis dans l'assemblée pourront se réunir pour former le nombre nécessaire et se faire représenter par l'un d'eux.*

Néanmoins, dans les assemblées générales appelées à vérifier les apports, à nommer les premiers administrateurs et à vérifier la sincérité de la déclaration des fondateurs de la société, prescrite par le deuxième paragraphe de l'article 24, tout actionnaire, quel que soit le nombre des actions dont il est porteur, peut prendre part aux délibérations avec le nombre de voix déterminé par les statuts, sans qu'il puisse être supérieur à dix.

ART. 28. — Dans toutes les assemblées générales, les délibérations sont prises à la majorité des voix.

Il est tenu une feuille de présence ; elle contient les noms et domicile des actionnaires et le nombre d'actions dont chacun d'eux est porteur.

Cette feuille, certifiée par le bureau de l'assemblée, est déposée au siège social et doit être communiquée à tout requérant.

ART. 29. — Les assemblées générales qui ont à délibérer dans des cas autres que ceux qui sont prévus par les deux articles qui suivent, doivent être composées d'un nombre d'actionnaires représentant le quart au moins du capital social.

Si l'assemblée générale ne réunit pas ce nombre, une nouvelle assemblée est convoquée dans les formes et avec les délais prescrits par les statuts et elle délibère valablement, quelle que soit la portion du capital représenté par les actionnaires présents.

ART. 30. — Les assemblées qui ont à délibérer sur la vérification des apports, sur la nomination des premiers administrateurs, sur la sincérité de la déclaration faite par les fondateurs aux termes du paragraphe 2 de l'article 24, doivent être composées d'un nombre d'actionnaires représentant la moitié au moins du capital social.

Le capital social, dont la moitié doit être représentée pour la vérification de l'apport, se compose seulement des apports non soumis à vérification.

Si l'assemblée générale ne réunit pas un nombre d'actionnaires représentant la moitié du capital social, elle ne peut prendre qu'une délibération provisoire. Dans ce cas, une nouvelle assemblée générale est convoquée. Deux avis, publiés à huit jours d'intervalle, au moins un mois à l'avance, dans l'un des journaux désignés pour recevoir les annonces légales, font connaître aux actionnaires les résolutions provisoires adoptées par la première assemblée, et ces résolutions deviennent définitives si elles sont approuvées par la nouvelle assemblée, composée d'un nombre d'actionnaires représentant le cinquième au moins du capital social.

ART. 31. — Les assemblées qui ont à délibérer sur des modifications aux statuts ou sur des propositions de continuation de la société au delà du terme fixé pour sa durée, ou de dissolution avant ce terme, ne sont régulièrement constituées et ne délibèrent valablement qu'autant qu'elles sont composées d'un nombre d'actionnaires représentant la moitié au moins du capital social.

ART. 32. — L'assemblée générale annuelle désigne un ou plusieurs commissaires, associés ou non, chargés de faire un rapport à l'assemblée générale de l'année suivante sur la situation de la société, sur le bilan et sur les comptes présentés par les administrateurs.

La délibération contenant approbation du bilan et des comptes est nulle si elle n'a été précédée du rapport des commissaires.

A défaut de nomination des commissaires par l'assemblée générale, ou en cas d'empêchement ou de refus d'un ou de plusieurs des commissaires nommés, il est procédé à leur nomination ou à leur remplacement par ordonnance du président du tribunal de commerce du siège de la société, à la requête de tout intéressé, les administrateurs dûment appelés.

ART. 33. — Pendant le trimestre qui précède l'époque fixée par les statuts pour la réunion de l'assemblée générale, les commissaires ont droit, toutes les fois qu'ils le jugent convenable dans l'intérêt social, de prendre communication des livres et d'examiner les opérations de la société.

Ils peuvent toujours, en cas d'urgence, convoquer l'assemblée générale.

Art. 34. — Toute société anonyme doit dresser, chaque semestre, un état sommaire de sa situation active et passive.

Cet état est mis à la disposition des commissaires.

Il est, en outre, établi chaque année, conformément à l'article 9 du Code de commerce, un inventaire contenant l'indication des valeurs mobilières et immobilières et de toutes les dettes actives et passives de la société.

L'inventaire, le bilan et le compte des profits et pertes sont mis à la disposition des commissaires le quarantième jour, au plus tard, avant l'assemblée générale. Ils sont présentés à cette assemblée.

Art. 35. — Quinze jours au moins avant la réunion de l'assemblée générale, tout actionnaire peut prendre, au siège social, communication de l'inventaire et de la liste des actionnaires, et se faire délivrer copie du bilan résumant l'inventaire et du rapport des commissaires.

Art. 36. — Il est fait annuellement, sur les bénéfices nets, un prélèvement d'un vingtième au moins, affecté à la formation d'un fonds de réserve.

Ce prélèvement cesse d'être obligatoire lorsque le fonds de réserve a atteint le dixième du capital social.

Art. 37. — En cas de perte des trois quarts du capital social, les administrateurs sont tenus de provoquer la réunion de l'assemblée générale de tous les actionnaires, à l'effet de statuer sur la question de savoir s'il y a lieu de prononcer la dissolution de la société.

La résolution de la société est, dans tous les cas, rendue publique.

A défaut par les administrateurs de réunir l'assemblée générale, comme dans le cas ou cette assemblée n'aurait pu se constituer régulièrement, tout intéressé peut demander la dissolution de la société devant les tribunaux.

Art. 38. — La dissolution peut être prononcée sur la demande de toute partie intéressée, lorsqu'un an s'est écoulé depuis l'époque où le nombre des associés est réduit à moins de sept.

Art. 39. — L'article 17 est applicable aux sociétés anonymes.

Art. 40. — Il est interdit aux administrateurs de prendre ou de conserver un intérêt direct ou indirect dans une entreprise ou dans un marché fait avec la société ou pour son compte, à moins qu'ils n'y soient autorisés par l'assemblée générale.

Il est, chaque année, rendu à l'assemblée générale un compte spécial de l'exécution des marchés ou entreprises par elle autorisés, aux termes du paragraphe précédent.

Art. 41. — Est nulle et de nul effet à l'égard des intéressés toute société anonyme pour laquelle n'ont pas été observées les dispositions des articles 22, 23, 24 et 25 ci-dessus.

Art. 42. — Lorsque la nullité de la société ou des actes et délibérations a été prononcée aux termes de l'article précédent, les fondateurs auxquels la nullité est imputable et les administrateurs en fonctions au moment où elle a été encourue, sont responsables solidairement envers les tiers *(Loi du 1ᵉʳ août 1893) et les actionnaires du dommage résultant de cette annulation.*

La même responsabilité solidaire peut être prononcée contre ceux des associés dont les apports ou les avantages n'auraient pas été vérifiés et approuvés conformément à l'article 24.

*(Loi du 1ᵉʳ août 1893). — L'action en nullité et celle en responsabilité en résultant sont soumises aux dispositions de l'article 8 ci-dessus.*

ART. 43. — L'étendue et les effets de la responsabilité des commissaires envers la société sont déterminés d'après les règles générales du mandat.

ART. 44. — Les administrateurs sont responsables, conformément aux règles du droit commun, individuellement ou solidairement suivant les cas, envers la société ou envers les tiers, soit des infractions aux dispositions de la présente loi, soit des fautes qu'ils auraient commises dans leur gestion, notamment en distribuant ou en laissant distribuer sans opposition des dividendes fictifs.

ART. 45. — Les dispositions des articles 13, 14, 15 et 16 de la présente loi sont applicables en matière de sociétés anonymes, sans distinction entre celles qui sont actuellement existantes et celles qui se constitueront sous l'empire de la présente loi. Les administrateurs qui, en l'absence d'inventaire ou au moyen d'inventaire frauduleux, auront opéré des dividendes fictifs, seront punis de la peine qui est prononcée dans ce cas par le nº 3 de l'article 15 contre les gérants des sociétés en commandite.

Sont également applicables en matière de sociétés anonymes les dispositions des trois derniers paragraphes de l'article 10.

ART. 46. — Les sociétés anonymes actuellement existantes continueront à être soumises, pendant toute leur durée, aux dispositions qui les régissent.

Elles pourront se transformer en sociétés anonymes

dans les termes de la présente loi, en obtenant l'autorisation du Gouvernement et en observant les formes prescrites pour la modification de leurs statuts.

ART. 47. — Les sociétés à responsabilité limitée pourront se convertir en sociétés anonymes dans les termes de la présente loi, en se conformant aux conditions stipulées pour la modification de leurs statuts.

Sont abrogés les articles 31, 37 et 40 du Code de commerce et la loi du 23 mai 1863, sur les sociétés à responsabilité limitée.

## TITRE III

### DISPOSITIONS PARTICULIÈRES AUX SOCIÉTÉS A CAPITAL VARIABLE

ART. 48. — Il peut être stipulé, dans les statuts de toute société, que le capital social sera susceptible d'augmentation par des versements successifs faits par les associés ou l'admission d'associés nouveaux, et de diminution par la reprise totale ou partielle des apports effectués.

Les sociétés dont les statuts contiendront la stipulation ci-dessus seront soumises, indépendamment des règles générales qui leur sont propres suivant leur forme spéciale, aux dispositions des articles suivants.

ART. 49. — Le capital social ne pourra être porté par les statuts constitutifs de la société au-dessus de la somme de deux cent mille francs.

Il pourra être augmenté par des délibérations de l'assemblée générale, prises d'année en année ; chacune des augmentations ne pourra être supérieure à deux cent mille francs.

Art. 50. — Les actions ou coupons d'actions seront nominatifs, même après leur entière libération ; *ils ne pourront être inférieurs à cinquante francs* (1).

Ils ne seront négociables qu'après la constitution définitive de la société.

La négociation ne pourra avoir lieu que par voie de transfert sur les registres de la société, et les statuts pourront donner, soit au conseil d'administration, soit à l'assemblée générale, le droit de s'opposer au transfert.

Art. 51. — Les statuts détermineront une somme au-dessous de laquelle le capital ne pourra être réduit par les reprises des apports autorisées par l'article 48.

Cette somme ne pourra être inférieure au dixième du capital social.

La société ne sera définitivement constituée qu'après le versement du dixième.

Art. 52. — Chaque associé pourra se retirer de la société lorsqu'il le jugera convenable, à moins de conventions contraires et sauf l'application du paragraphe 1er de l'article précédent.

Il pourra être stipulé que l'assemblée générale aura le droit de décider, à la majorité fixée pour la modification des statuts, que l'un ou plusieurs des associés cesseront de faire partie de la société.

L'associé qui cessera de faire partie de la société, soit par l'effet de sa volonté, soit par suite de décision de l'assemblée générale, restera tenu, pendant cinq ans, envers les associés et envers les tiers, de toutes les obligations existant au moment de sa retraite.

Art. 53. — La société, quelle que soit sa forme, sera valablement représentée en justice par ses administrateurs.

---

1. — Abrogé par la loi du 1er Août 1893.

Art. 54. — La société ne sera point dissoute par la mort, la retraite, l'interdiction, la faillite ou la déconfiture de l'un des associés ; elle continuera de plein droit entre les autres associés.

## TITRE IV

### DISPOSITIONS RELATIVES A LA PUBLICATION DES ACTES DE SOCIÉTÉ

Art. 55. — Dans le mois de la constitution de toute société commerciale, un double de l'acte constitutif, s'il est sous seing privé, ou une expédition, s'il est notarié, est déposé aux greffes de la justice de paix et du tribunal de commerce du lieu dans lequel est établie la société.

A l'acte constitutif des sociétés en commandite par actions et des sociétés anonymes sont annexées : 1° une expédition de l'acte notarié constatant la souscription du capital social et le versement du quart ; 2° une copie certifiée des délibérations prises par l'assemblée générale dans les cas prévus par les articles 4 et 24.

En outre, lorsque la société est anonyme, on doit annexer à l'acte constitutif la liste nominative, dûment certifiée, des souscripteurs, contenant les nom, prénoms, qualités, demeure et le nombre d'actions de chacun d'eux.

Art. 56. — Dans le même délai d'un mois, un extrait de l'acte constitutif et des pièces annexées est publié dans l'un des journaux désignés pour recevoir les annonces légales.

Il sera justifié de l'insertion par un exemplaire du journal certifié par l'imprimeur, légalisé par le maire et enregistré dans les trois mois de sa date.

Les formalités prescrites par l'article précédent et par le présent article seront observées, à peine de nullité, à l'égard des intéressés ; mais le défaut d'aucune d'elles ne pourra être opposé aux tiers par les associés.

Art. 57. — L'extrait doit contenir les noms des associés autres que les actionnaires ou commanditaires ; la raison de commerce ou la dénomination adoptée par la société et l'indication du siège social ; la désignation des associés autorisés à gérer, administrer et signer pour la société ; le montant du capital social et le montant des valeurs fournies ou à fournir par les actionnaires ou commanditaires ; l'époque où la société commence, celle où elle doit finir, et la date du dépôt fait aux greffes de la justice de paix et du tribunal de commerce.

Art. 58. — L'extrait doit énoncer que la société est en nom collectif ou en commandite simple, ou en commandite par actions, ou anonyme, ou à capital variable.

Si la société est anonyme, l'extrait doit énoncer le montant du capital social en numéraire et en autres objets, la quotité à prélever sur les bénéfices pour composer le fonds de réserve.

Enfin, si la société est à capital variable, l'extrait doit contenir l'indication de la somme au-dessous de laquelle le capital social ne peut être réduit.

Art. 59. — Si la société a plusieurs maisons de commerce situées dans divers arrondissements, le depôt prescrit par l'article 55 et la publication prescrite par l'article 56 ont lieu dans chacun des arrondissements où existent les maisons de commerce.

Dans les villes divisées en plusieurs arrondissements, le dépôt sera fait seulement au greffe de la justice de paix du principal établissement.

Art. 60. — L'extrait des actes et pièces déposés est signé, pour les actes publics, par le notaire, et, pour les actes sous seing privé, par les associés, en nom collectif, par les gérants des sociétés en commandite ou par les administrateurs des sociétés anonymes.

ART. 61. — Sont soumis aux formalités et aux pénalités prescrites par les articles 55 et 56 :

Tous actes et délibérations ayant pour objet la modification des statuts, la continuation de la société au delà du terme fixé pour sa durée, la dissolution avant ce terme et le mode de liquidation, tout changement ou retraite d'associés et tout changement à la raison sociale.

Sont également soumises aux dispositions des articles 55 et 56 les délibérations prises dans les cas prévus par les articles 19, 37, 46, 47 et 49 ci-dessus.

ART. 62. — Ne sont pas assujettis aux formalités de dépôt et de publication les actes constatant les augmentations ou les diminutions du capital social opérées dans les termes de l'article 48, ou les retraites d'associés, autres que les gérants ou administrateurs, qui auraient lieu conformément à l'article 52.

ART. 63. — Lorsqu'il s'agit d'une société en commandite par actions ou d'une société anonyme, toute personne a le droit de prendre communication des pièces déposées aux greffes de la justice de paix et du tribunal de commerce, ou même de s'en faire délivrer à ses frais expédition ou extrait par le greffier ou par le notaire détenteur de la minute.

Toute personne peut également exiger qu'il lui soit délivré au siège de la société une copie certifiée des statuts, moyennant payement d'une somme qui ne pourra excéder un franc.

Enfin, les pièces déposées doivent être affichées d'une manière apparente dans les bureaux de la société.

ART. 64. — Dans tous les actes, factures, annonces,

publications et autres documents *imprimés* ou *auto-graphiés*, émanés des sociétés anonymes ou des sociétés en commandite par actions, la dénomination sociale doit toujours être précédée ou suivie immédiatement de ces mots, écrits lisiblement en toutes lettres : *Société anonyme,* ou *Société en commandite par actions*, et de l'énonciation du montant du capital social.

Si la société a usé de la faculté accordée par l'article 48, cette circonstance doit être mentionnée par l'addition de ces mots : *à capital variable.*

Toute contravention aux dispositions qui précèdent est punie d'une amende de cinquante francs à mille francs.

ART. 65. — Sont abrogées les dispositions des articles 42, 43, 44, 45 et 46 du Code de commerce.

## TITRE V

### DES TONTINES ET DES SOCIÉTÉS D'ASSURANCES

ART. 66 *(abrogé par la loi du 17 mars 1905).* — *Les associations de la nature des tontines et les sociétés d'assurances sur la vie, mutuelles ou à primes, restent soumises à l'autorisation et à la surveillance du Gouvernement* (1).

Les autres sociétés d'assurances pourront se former sans autorisation. Un règlement d'administration publique déterminera les conditions sous lesquelles elles pourront être constituées.

ART. 67. — Les sociétés d'assurances désignées dans le paragraphe 2 de l'article précédent, qui exis-

---

1. — Loi et Décrets relatifs à la « Surveillance et au Contrôle des Sociétés d'assurances sur la vie », brochure in-8°, prix 0 fr. 50 à notre librairie.

tent actuellement, pourront se placer sous le régime qui sera établi par le règlement d'administration publique, sans l'autorisation du gouvernement, en observant les formes et les conditions prescrites pour la modification de leurs statuts.

### Loi du 1er Aout 1893
*Ajoutant les dispositions suivantes :*

Art. 68. — Quel que soit leur objet, les sociétés en commandite ou anonymes qui seront constituées dans les formes du Code de commerce ou de la présente loi seront commerciales et soumises aux lois et usages du commerce.

Art. 69. — Il pourra être consenti hypothèque au nom de toute société commerciale en vertu des pouvoirs résultant de son acte de formation même sous seing privé, ou des délibérations ou autorisations constatées dans les formes réglées par ledit acte. L'acte d'hypothèque sera passé en forme authentique, conformément à l'article 2127 du Code civil.

Art. 70. — Dans les cas où les sociétés ont continué à payer les intérêts ou dividendes des actions, obligations ou tous autres titres remboursables par suite d'un tirage au sort, elles ne peuvent répéter ces sommes lorsque le titre est présenté au remboursement.

Art. 71. — Dans l'article 50, § 1er, sont supprimés les mots : « Ils ne pourront être inférieurs à cinquante francs (50 fr.). »

#### DISPOSITIONS TRANSITOIRES

Pour les sociétés par actions en commandite ou anonymes déjà existantes, sans distinction entre celles antérieures à la loi du 24 juillet 1867 et celles postérieures, il n'est pas dérogé à la faculté qu'elles peuvent avoir de convertir leurs actions en titres au porteur avant libération intégrale.

Quant aux actions nominatives des mêmes sociétés, les deux ans après lesquels tout souscripteur ou actionnaire qui a cédé son titre cesse d'être responsable des versements non appelés ne courront, à l'égard des créanciers antérieurs à la présente loi, qu'à partir de l'entrée en vigueur de la loi, et sauf application de l'article 2257 du Code civil pour les créances conditionnelles ou à terme et les actions en garantie.

Les dispositions de l'article 8 et celles de l'article 42 s'appliquent aux sociétés déjà constituées sous l'empire de la loi du 24 juillet 1867.

Dans les mêmes sociétés, l'action en nullité résultant des articles 7 et 41 ne sera plus recevable si les causes de nullité ont cessé d'exister au moment de la présente loi.

En tout cas, l'action en responsabilité pour les faits dont la nullité résultait ne cessera d'être recevable que trois ans après la présente loi.

Les sociétés civiles actuellement constituées sous d'autres formes pourront, si leurs statuts ne s'y opposent pas, se transformer en sociétés en commandite ou en sociétés anonymes par décision d'une assemblée générale spécialement convoquée et réunissant les conditions tant de l'acte social que de l'article 31 ci-dessus.

# LOI

## DU 16 NOVEMBRE 1903

### Modifiant la Loi du 9 Juillet 1902 relative aux Actions de priorité (1).

———

Le Sénat et la Chambre des députés ont adopté,
Le Président de la République promulgue la loi dont la teneur suit :

Article premier. — Les articles 1 et 2 de la loi du 9 juillet 1902 sont modifiés ainsi qu'il suit :

———

1. — *Loi du 9 juillet 1902, tendant à compléter l'article 34 du Code de commerce et l'article 3 de la loi du 24 juillet 1867 en ce qui concerne les actions de priorité et les actions d'apport.*

Le Sénat et la Chambre des députés ont adopté,
Le Président de la République promulgue la loi dont la teneur suit :

Décrète :

Article premier. — L'article 34 du Code de commerce est ainsi complété :

« Le capital social de la société anonyme se divise en actions et même en coupons d'actions d'une valeur nominale égale.

« Sauf les dispositions contraires des statuts, la société peut créer des actions de priorité, investies du droit de participer avant les autres actions à la répartition des bénéfices ou au partage de l'actif social.

« Sauf dispositions contraires des statuts, les actions de priorité et les autres actions ont, dans les assemblées, un droit de vote égal.

« Dans le cas où la décision de l'assemblée générale comporterait une modification dans les droits respectifs des actions des différentes catégories, il faut, en dehors de l'assemblée générale, convoquer une assemblée spéciale des actionnaires dont les droits ont été modifiés. Cette assemblée spéciale doit délibérer, eu égard au capital représenté par les actions dont il s'agit, dans les conditions de l'article 31 de la loi du 24 juillet 1867 en tant que les statuts ne contiendraient pas d'autres prescriptions. »

« Article premier. — L'article 34 du Code de commerce est ainsi complété :

« Le capital social des sociétés par actions se divise en actions et même en coupons d'actions d'une valeur nominale égale.

« Toute société par actions peut, par délibération de l'assemblée générale constituée dans les conditions prévues par l'article 31 de la loi du 24 juillet 1867, créer des actions de priorité jouissant de certains avantages sur les autres actions ou conférant des droits d'antériorité, soit sur les bénéfices, soit sur l'actif social, soit sur les deux, si les statuts n'interdisent point, par une prohibition directe et expresse, la création d'actions de cette nature.

« Sauf dispositions contraires des statuts, les actions de priorité et les autres actions ont, dans les assemblées, un droit de vote égal.

« Dans le cas où une décision de l'assemblée générale comporterait une modification dans les droits attachés à une catégorie d'actions, cette décision ne sera définitive qu'après avoir été ratifiée par une assemblée spéciale des actionnaires de la catégorie visée.

« Cette assemblée spéciale, pour délibérer valablement, doit réunir au moins la moitié du capital représenté par les actions dont il s'agit, à moins que les statuts ne prescrivent un minimum plus élevé.

« Art. 2. — Le paragraphe 3 de l'article 3 de la loi du 24 juillet 1867, modifié par la loi du 1er août 1893, est ainsi complété (1) :

. . . . . . . . . . . . . . . . . . . . . . . .

. . . . . . . . . . . . . . . . . . . . . . . .

Art. 2. — La présente loi est applicable aux so-

---

1. — Voir cet article, page 4.

ciétés fondées antérieurement ou postérieurement à la présente loi.

La présente loi, délibérée et adoptée par le Sénat et par la Chambre des députés, sera exécutée comme loi de l'Etat.

Fait à Paris, le 16 novembre 1903.

Signé : EMILE LOUBET.

*Le Garde des sceaux, Ministre de la justice,*
Signé : E. VALLÉ.

# LOI

## DU 29 JUIN 1872

### Relative à un Impôt sur le revenu des valeurs mobilières.

L'Assemblée nationale a adopté,

Le Président de la République française promulgue la loi dont la teneur suit :

Art. 1ᵉʳ. — Indépendamment des droits de timbre et de transmission établis par les lois existantes, il est établi, à partir du 1ᵉʳ juillet 1872, une taxe annuelle et obligatoire :

1° Sur les intérêts, dividendes, revenus et tous autres produits des actions de toute nature, des sociétés, compagnies ou entreprises quelconques, financières, industrielles, commerciales ou civiles, quelle que soit l'époque de leur création ;

2° Sur les arrérages et intérêts annuels des emprunts et obligations des départements, communes et établissements publics, ainsi que des sociétés, compagnies et entreprises ci-dessus désignées ;

3° Sur les intérêts, produits et bénéfices annuels des parts d'intérêt et commandites dans les sociétés, compagnies et entreprises dont le capital n'est pas divisé en actions.

Art. 2. — Le revenu est déterminé :

1° Pour les actions, par le dividende fixé d'après les délibérations des assemblées générales d'actionnaires ou des conseils d'administration, les comptes rendus ou tous autres documents analogues ;

2° Pour les obligations ou emprunts, par l'intérêt ou le revenu distribué dans l'année ;

3° Pour les parts d'intérêt et commandites, soit par les délibérations des conseils d'administration des intéressés, soit, à défaut de délibération, par l'évaluation à raison de cinq pour cent du montant du capital social ou de la commandite, ou du prix moyen des cessions de parts d'intérêt consenties pendant l'année précédente.

Les comptes rendus et les extraits des délibérations des conseils d'administration ou des actionnaires seront déposés, dans les vingt jours de leur date, au bureau de l'enregistrement du siège social.

Art. 3. — La quotité de la taxe établie par la présente loi est fixée à trois pour cent (1) du revenu des valeurs spécifiées en l'article 1ᵉʳ.

---

1. — *Loi du 26 décembre 1890* :

Art. 4. — A partir du 1ᵉʳ janvier 1891, la taxe de trois pour cent établie sur le revenu des valeurs mobilières par les lois des 29 juin 1872, 21 juin 1875, 28 décembre 1880 et 29 décembre 1884 est fixée à quatre pour cent (4 p. 0/0).

Le montant en est avancé, sauf leur recours, par les sociétés, compagnies, entreprises, villes, départements ou établissements publics.

Pour l'année 1872, les revenus, intérêts et dividendes seront sujets à la taxe pour moitié seulement de leur montant, quelle que soit d'ailleurs l'époque à laquelle le payement aura lieu.

A partir de la promulgation de la présente loi, le taux des droits et taxe établis par la loi du 23 juin 1857 et par celles des 16 septembre 1871 et 30 mars 1872, est réduit ainsi qu'il suit, savoir :

A cinquante centimes par cent francs pour la transmission ou la conversion des titres nominatifs ;

A vingt centimes par cent francs pour la taxe à laquelle sont assujettis les titres au porteur.

Ces droits et taxes ne sont pas soumis aux décimes.

Art. 4. — Les actions, obligations, titres d'emprunt, quelle que soit d'ailleurs leur dénomination, des sociétés, compagnies, entreprises, corporations, villes, provinces étrangères, ainsi que tout autre établissement public étranger, sont soumis à une taxe équivalente à celle qui est établie par la présente loi sur le revenu des valeurs françaises.

Les titres étrangers ne pourront être cotés, négociés, exposés en vente ou émis en France qu'en se soumettant à l'acquittement de cette taxe, ainsi que des droits de timbre et de transmission.

Un règlement d'administration publique fixera le mode d'établissement et de perception de ces droits, dont l'assiette pourra reposer sur une quotité déterminée du capital social.

Le même règlement déterminera les époques de payement de la taxe, ainsi que toutes les autres mesures nécessaires pour l'exécution de la présente loi.

Art. 5. — Chaque contravention aux dispositions qui précèdent et à celles du règlement d'administration publique qui sera fait pour leur exécution sera punie conformément à l'article 10 de la loi du 23 juin 1857.

Le recouvrement de la taxe sur le revenu sera suivi, et les instances seront introduites et jugées comme en matière d'enregistrement.

Délibéré en séance publique, à Versailles, le 29 juin 1872.

*Le Président,*
Signé : Jules Grévy.

# DÉCRET

## DU 6 DÉCEMBRE 1872

*Modifié par celui du 10 Août 1896*

**Portant Règlement d'administration publique pour l'exécution de la loi du 29 juin 1872, relative à un Impôt sur le revenu des Valeurs mobilières.**

---

Le Président de la République française,

Sur le rapport du ministre des finances ;

Vu la loi du 29 juin 1872, qui établit :

1° Une taxe annuelle et obligatoire sur les revenus des actions et obligations des sociétés, compagnies et entreprises de toute nature, ainsi que sur les arrérages et intérêts annuels des obligations et emprunts des départements, communes et établissements publics, et enfin sur les intérêts, produits et bénéfices annuels des parts d'intérêts et commandites ;

2° Des droits équivalents à cette taxe sur les actions, obligations et titres d'emprunts étrangers émis en France ;

Vu notamment les paragraphes 3 et 4 de l'article 4, ainsi conçus :

« Un règlement d'administration publique fixera le mode d'établis-
« sement et de perception de ces droits, dont l'assiette pourra reposer
« sur une quotité du capital social.

« Le même règlement déterminera les époques de payement de la
« taxe ainsi que toutes les autres mesures nécessaires pour l'exécution
« de la présente loi ; »

Vu l'article 5 de la loi du 29 juin 1872 ;

Vu l'article 10 de la loi du 23 juin 1857, ainsi conçu :

« Toute contravention aux précédentes dispositions et à celles des
« règlements qui seront faits pour leur exécution est punie d'une
« amende de cent francs à cinq mille francs ; »

Le Conseil d'Etat entendu,

Décrète :

Art. 1er. — La taxe de trois pour cent établie par la loi du 29 juin 1872 est avancée par les sociétés, compagnies, entreprises, départements, communes et établissements publics, et payée au bureau de l'enregistrement du siège social ou administratif désigné à cet effet, savoir :

1° Pour les obligations, emprunts et autres valeurs dont le revenu est fixé et déterminé à l'avance, en quatre termes égaux, d'après les produits annuels afférents à ces valeurs ;

2° Pour les actions, parts d'intérêts, commandites et emprunts à revenu variable, en quatre termes égaux déterminés provisoirement d'après le résultat du dernier exercice réglé et calculés sur les quatre cinquièmes du revenu, s'il en a été distribué, et, en ce qui concerne les sociétés nouvellement créées, sur le produit évalué à cinq pour cent du capital appelé.

Chaque année, après la clôture des écritures relatives à l'exercice, il est procédé à une liquidation définive de la taxe due pour l'exercice entier. Si de cette liquidation il résulte un complément de taxe au profit du trésor, il est immédiatement acquitté. Dans le cas contraire, l'excédent versé est imputé sur l'exercice courant, ou remboursé, si la société est arrivée à son terme ou si elle cesse de donner des revenus.

ART. 2. — Les payements à faire en quatre termes doivent être effectués dans les vingt premiers jours des mois de janvier, avril, juillet et octobre de chaque année.

La liquidation définitive a lieu au moment du dépôt, prescrit par l'article 2 de la loi du 29 juin 1872, des comptes rendus et extraits des délibérations des assemblées générales d'actionnaires ou des conseils d'administration, ou de tous autres documents analogues fixant le dividende distribué.

Cette liquidation doit être établie dans les vingt premiers jours du mois de mai pour les sociétés auxquelles leurs statuts n'imposent pas l'obligation de prendre des délibérations sur cet objet. Dans ce cas, la liquidation définitive est opérée à raison de cinq pour cent du prix moyen des cessions de parts d'intérêts consenties pendant l'année précédente et dûment enregistrées, et, à défaut de cessions, d'après l'évaluation à cinq pour cent du montant du capital social ou de la commandite.

ART. 3. — Toutes les dipositions des deux articles précédents sont applicables aux sociétés, compagnies, entreprises, corporations, villes, provinces étrangères, ainsi qu'à tous autres établissements publics étrangers dont les titres sont cotés ou circulent en France, ou qui ont pour objet des biens, soit mobiliers, soit immobiliers, situés en France.

La taxe sur le revenu, pour les titres cotés à la bourse ou émis en France, est assise sur la même base que les droits de timbre et de transmission ; elle est déterminée en la forme prévue au règlement d'administration publique du 24 mai 1872.

*(Modifié par Décret du 10 août 1896.) Les sociétés, compagnies et entreprises étrangères dont les titres ne sont pas cotés, mais qui ont pour objet des biens meubles ou immeubles situés en France, doivent la taxe sur le revenu à raison des valeurs françaises qui en dépendent, et acquittent cette taxe d'après une quotité du capital social fixé par le ministre des finances, sur l'avis préalable de la commission instituée par le règlement ci-dessus indiqué. Elle doivent, à cet effet, faire agréer, avant le 1ʳ décembre 1872, si elles existent actuellement, et, dans le cas contraire, avant toute opération en France, un repré-*

*sentant français personnellement responsable des droits et amendes. L'agrément sera donné par le ministre des finances ou, en vertu de la délégation du ministre, par le directeur général de l'enregistrement, des domaines et du timbre.*

ART. 4 (*Modifié par Décret du 10 août 1896*). — *Aucune émission ou souscription de titres étrangers ne peut avoir lieu en France qu'après qu'un représentant responsable a été agréé par le ministre des finances ou, en vertu de la délégation du ministre, par le directeur général de l'enregistrement, des domaines et du timbre.*

Dans le mois qui suit la clôture de l'émission ou de la souscription, le ministre des finances détermine le nombre des titres qui doivent servir de base à la perception des droits de timbre et de transmission ainsi qu'à l'assiette de la taxe sur le revenu. Ce nombre est fixé conformément aux dispositions des règlements d'administration publique des 17 juillet 1857 et 24 mai 1872.

ART. 5. — La caisse des dépôts et consignations est autorisée à payer directement à Paris, au bureau qui sera désigné, la taxe annuelle due à raison des prêts de toute nature qu'elle a faits à des départements, communes et établissements publics.

ART. 6. — Les dispositions des articles 1er, 2, 3 et 5 qui précèdent son applicables à la taxe due, pour l'année 1872, sur la moitié des revenus, intérêts et dividendes distribués, quelle que soit d'ailleurs l'époque du payement.

Le premier versement aura lieu dans les vingt jours de la promulgation du présent décret.

A cette époque, les sociétés qui n'auront pas encore effectué le dépôt prescrit par l'article 2 de la loi du 29 juin 1872 devront remettre au receveur de l'enregistrement les extraits ou comptes rendus des délibérations des assemblées générales d'actionnaires ou des conseils d'administration, ou de tous autres documents analogues qui ont fixé le chiffre total du dividende distribué pour le dernier exercice.

ART. 7. — Le ministre des finances est chargé de l'exécution du présent décret, qui sera publié au *Journal officiel* et inséré au *Bulletin des lois*.

Fait à Versailles, le 6 décembre 1872.

Signé : A. THIERS.

*Le Ministre des Finances,*
Signé : E. DE GOULARD.

# LOI

## DU 1ᵉʳ DÉCEMBRE 1875

Portant que les dispositious de la loi du 29 juin 1872 ne sont pas
applicables aux Sociétés de commerce en nom collectif,
ni aux Associés gérants des Sociétés en commandite, ni aux Sociétés
dites « de coopération ».

---

L'Assemblée nationale a adopté la loi dont la teneur suit :

Art. 1ᵉʳ. — Les dispositions de l'article 1ᵉʳ, paragraphe 3, de la loi
du 29 juin 1872, ne sont pas applicables aux parts d'intérêt dans les
sociétés commerciales en nom collectif, et elles ne s'appliquent, dans
les sociétés en commandite dont le capital n'est pas divisé par actions,
qu'au montant de la commandite.

Art. 2. — La même exception s'applique aux parts d'intérêt dans
les sociétés de toute nature, dites *de coopération*, formées exclusivement entre des ouvriers ou artisans au moyen de leurs cotisations
périodiques.

Délibéré en séance publique, à Versailles, le 1ᵉʳ décembre 1875.

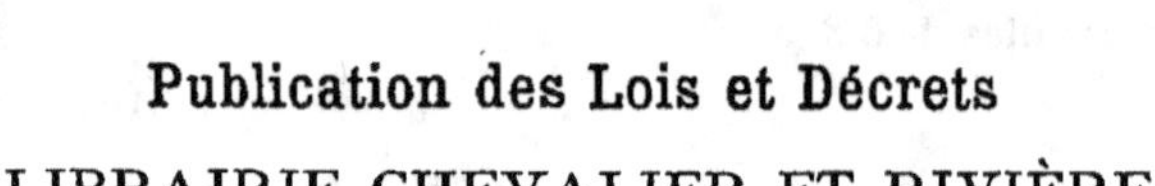

## Publication des Lois et Décrets

### LIBRAIRIE CHEVALIER ET RIVIÈRE

30, Rue Jacob, PARIS (6ᵉ)

---

Niort. — Imp. Th. Martin.